curio?idad por

LOS ROBOTS MÉDICOS

T0286236

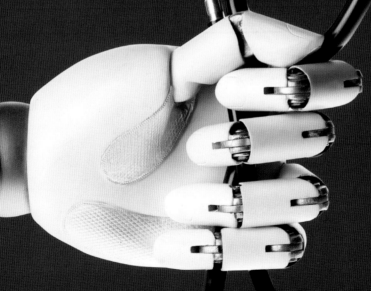

POR GAIL TERP

AMICUS LEARNING

¿Qué te causa

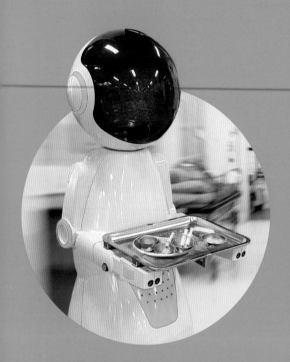

curiosidad?

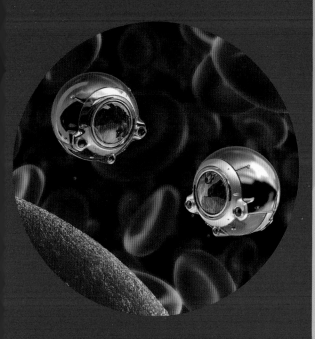

CAPÍTULO TRES

Robots médicos para el futuro
PÁGINA
16

Curiosidad por es una publicación de Amicus
P.O. Box 227, Mankato, MN 56002
www.amicuspublishing.us

Copyright © 2024 Amicus.
Todos los derechos reservados. Prohibida la reproducción,
almacenamiento en base de datos o transmisión por
cualquier método o formato electrónico, mecánico
o fotostático, de grabación o de cualquier otro tipo
sin el permiso por escrito de la editorial.

Editora: Rebecca Glaser
Diseñadora de la serie y libro: Kathleen Petelinsek
Investigación fotográfica: Omay Ayres

Cataloging-in-Publication data is available
from the Library of Congress.
Library Binding ISBN: 9781645497783
Paperback ISBN: 9781645498407
eBook ISBN: 9781645497868

Créditos de Imágenes: Dreamstime/Alexander Limbach, 20,
21, Roman Zaiets, 6, Sompong Sriphet, 2, 9; iStock/andresr,
13, Chesky_W, 15, LightFieldStudios, cover, sompong_tom,
2, 6; Shutterstock/Anatolir, 22, 23, BGStock72, 12, Chesky,
14, Corona Borealis Studio, 3, 19, Halawi, 7, Lightspring, 18,
Meletios Verras, 19, natatravel, 16, sonersimsek, 9, Sucharas
Wongpeth, 17, WhiteLife, 17, Zapp2Photo, 4, 5, 10, 11

Impreso en China

¿Pueden los robots realmente ayudar a las personas enfermas?

¡Sí! Están ayudando a las personas enfermas en muchos lugares. Los hospitales los usan. Los robots ayudan a los médicos, enfermeros y demás personal. En algunas clínicas de salud y consultorios médicos también los usan. Los robots también se encuentran en hogares de ancianos. Ayudan a cuidar a las personas que viven allí.

Un doctor muestra cómo interactuar con un robot médico.

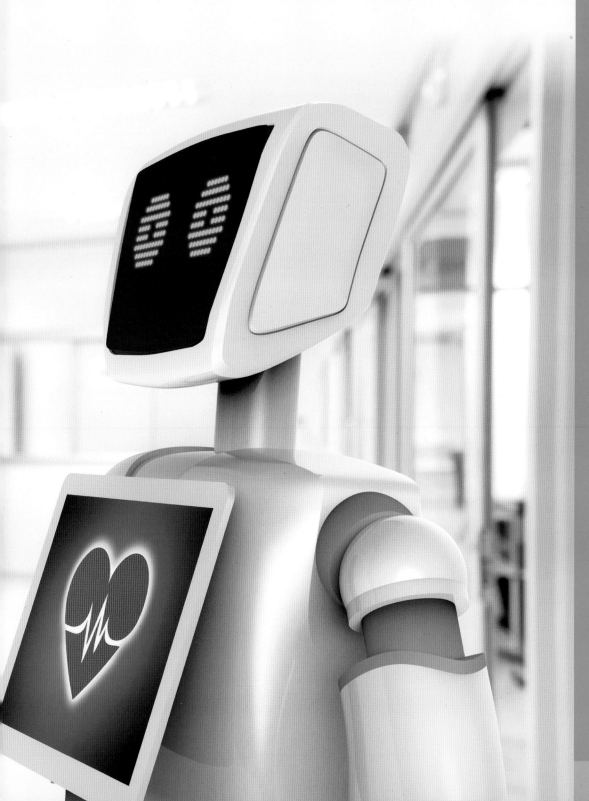

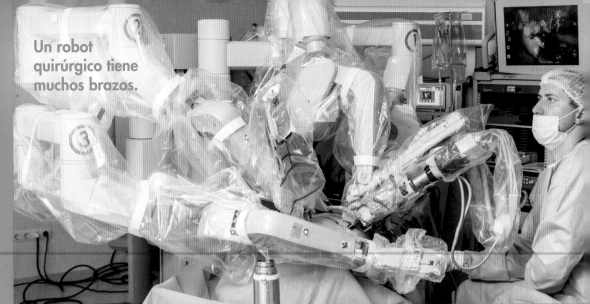

Un robot quirúrgico tiene muchos brazos.

¿Todos los robots médicos son iguales?

Un robot de entregas le ahorra tiempo al personal.

Un robot en una farmacia clasifica los medicamentos.

No, ¡hay muchos tipos! Los robots quirúrgicos ayudan a los **cirujanos**. Algunos robots ayudan a los enfermeros a levantar a los pacientes y en otras tareas. Los robots de entregas trabajan por todo el hospital. A veces, las personas se lastiman. Sus **lesiones** pueden hacer que les cueste moverse bien. Los exoesqueletos los pueden ayudar con esto.

Un exoesqueleto ayuda a un paciente a moverse.

¿Un robot quirúrgico opera realmente a los pacientes?

¡Sí! Pero solo ayuda al cirujano. El robot tiene brazos con instrumentos diminutos. El cirujano los introduce en el cuerpo del paciente. Una cámara diminuta muestra lo que pasa. El cirujano usa un **control remoto**. Guía todas las acciones del robot.

¿SABÍAS?

Si se usa un robot para la cirugía, los pacientes tienen cicatrices más pequeñas.

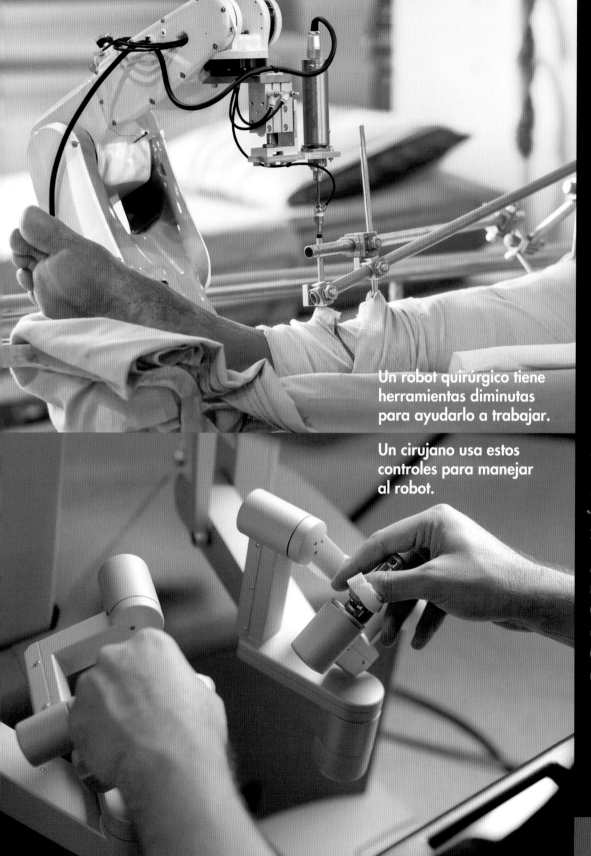

Un robot quirúrgico tiene herramientas diminutas para ayudarlo a trabajar.

Un cirujano usa estos controles para manejar al robot.

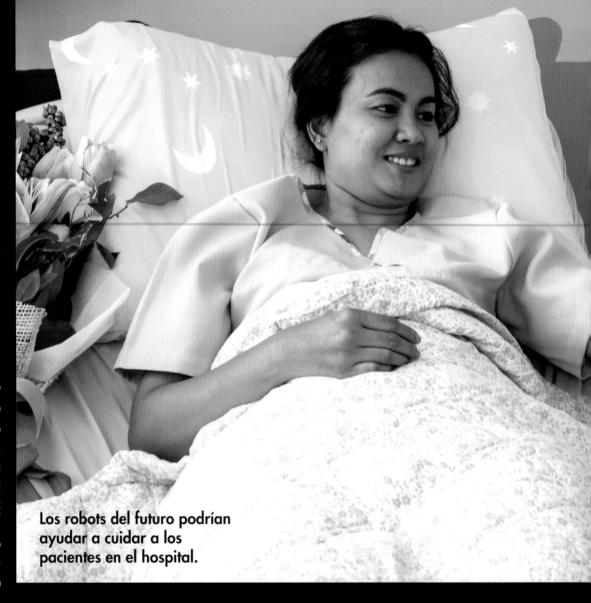

Los robots del futuro podrían ayudar a cuidar a los pacientes en el hospital.

Si me enfermara, ¿me cuidaría un robot?

¡Tal vez! Imagina que fueras a ver al médico. Un robot podría tomar tu temperatura. ¿Qué pasaría si estuvieras demasiado enfermo para ir a la escuela? Un robot podría entonces conectarte con tu salón de clases. Incluso hay robots que pueden hacerte compañía. Te cuentan cuentos y hacen otras cosas divertidas.

¿Los exoesqueletos en verdad ayudan a la gente a moverse?

¡Claro que sí! Los exoesqueletos trabajan en la parte externa del cuerpo. Ayudan a las personas a mover sus partes lesionadas. Algunos ayudan a las personas a ponerse de pie y volver a caminar. Otros los ayudan a mover sus brazos y manos lesionados.

¿SABÍAS?

Algunos insectos tienen exoesqueletos. Pero, a diferencia de los pacientes humanos, ¡nacen con ellos!

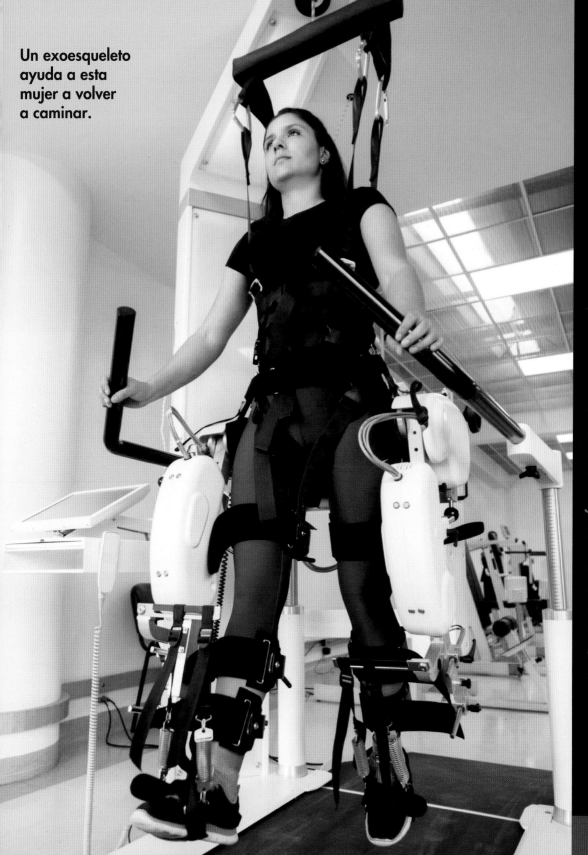

Un exoesqueleto ayuda a esta mujer a volver a caminar.

¿Un robot de entregas viaja por todos lados por sí solo?

Sí y no. Primero, alguien tiene que programarlo. Su programa incluye un mapa. El mapa ayuda al robot a llegar a donde tiene que ir. Entrega medicinas y otros insumos. Esto permite que los enfermeros pasen más tiempo cuidando a los pacientes.

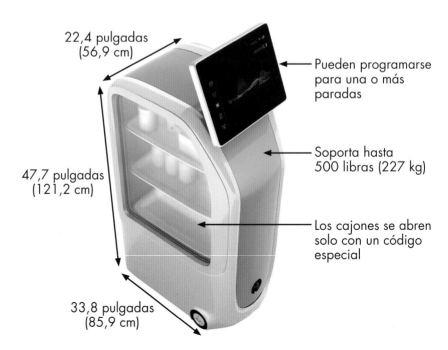

22,4 pulgadas
(56,9 cm)

Pueden programarse para una o más paradas

Soporta hasta 500 libras (227 kg)

47,7 pulgadas
(121,2 cm)

Los cajones se abren solo con un código especial

33,8 pulgadas
(85,9 cm)

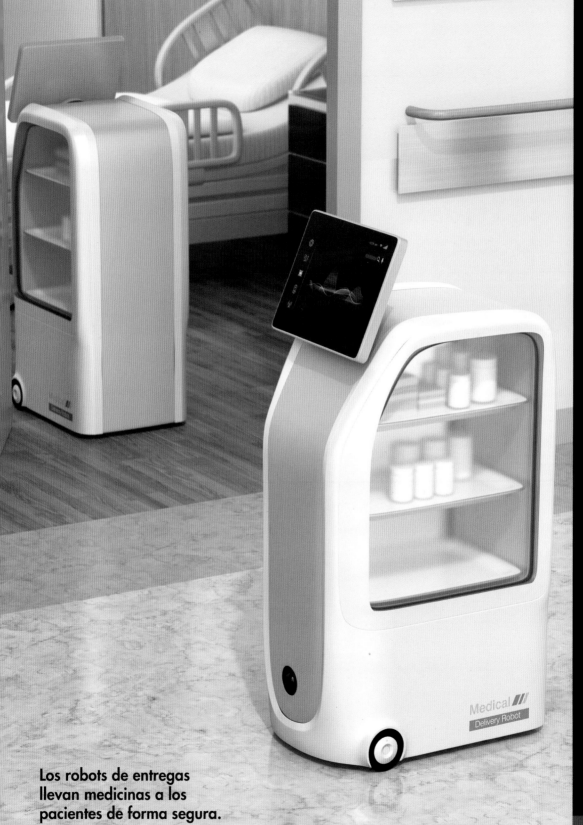

Los robots de entregas
llevan medicinas a los
pacientes de forma segura.

¿De qué manera está la gente construyendo mejores robots?

Están construyendo más robots que pueden trabajar por sí solos. Una vez programados, pueden hacer muchos trabajos. ¿Es necesario limpiar un cuarto? ¡Un robot lo puede hacer bien rápido! Los robots quirúrgicos pronto tendrán **sensores** que respondan al tacto. Los sensores les darán a los cirujanos un mayor control.

Este robot usa rayos ultravioleta para desinfectar un área.

Un robot en Beijing,
China, limpia los pisos.

Un robot con forma de
ventilador limpia los
conductos de aire.

¿Qué tan pequeños pueden llegar a ser los robots médicos?

Los nanobots almacenados dentro de pastillas serían liberados al tragarlos.

¡Los nanobots son diminutos! ¡Son 1000 veces más pequeños que el grosor de un cabello humano! Al igual que el Autobús Mágico, viajan por el torrente sanguíneo. Pero antes los programan para hacer su trabajo. La mayoría de los nanorobots aún están en la etapa de investigación. Pero los cirujanos esperan ansiosos ver nuevos avances.

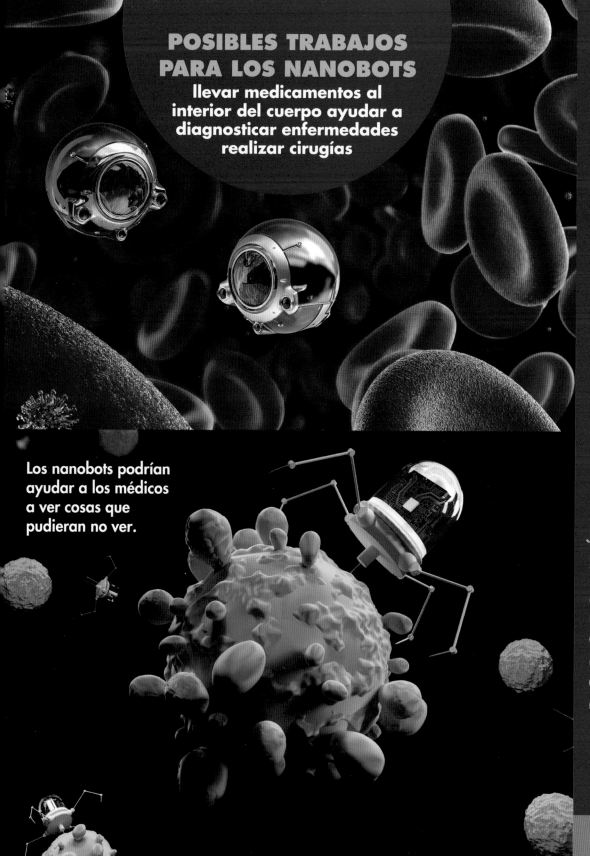

POSIBLES TRABAJOS PARA LOS NANOBOTS
llevar medicamentos al interior del cuerpo ayudar a diagnosticar enfermedades realizar cirugías

Los nanobots podrían ayudar a los médicos a ver cosas que pudieran no ver.

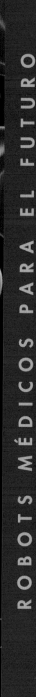

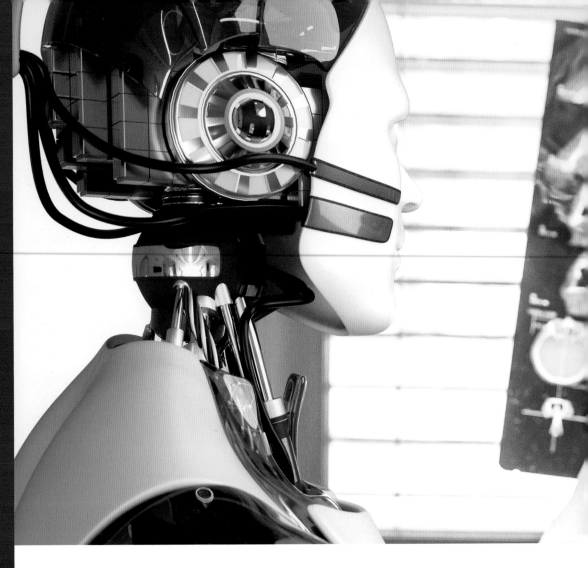

¿Los robots llegarán a reemplazar a los médicos?

En el futuro, los médicos y los robots podrían trabajar juntos.

Probablemente no. Los robots tienen algunas ventajas. No se cansan. Pueden ser más rápidos y más **precisos**. Pero los robots deben ser programados por los humanos. Y los robots no hacen preguntas ni escuchan con atención. Las preguntas ayudan a los doctores a encontrar el tratamiento adecuado. Lo mejor sería que médicos y robots trabajen juntos.

HAZ MÁS PREGUNTAS

¿Qué tipo de lesiones en los pacientes necesitan un exoesqueleto?

¿Cómo funcionan los nanobots?

Prueba con una PREGUNTA GRANDE: ¿Construir robots quirúrgicos sería un buen trabajo para mí?

BUSCA LAS RESPUESTAS

Busca en el catálogo de la biblioteca o en Internet.
Pueden ayudarte tus padres, un bibliotecario o un maestro.

Usar palabras clave
Busca la lupa.

Las palabras clave son las palabras más importantes de tu pregunta.

?

Si quieres saber más sobre:

• cómo funcionan los exoesqueletos, escribe: EXOESQUELETOS

• cómo funcionan los nanobots, escribe: NANOBOTS o CÓMO FUNCIONAN LOS NANOBOTS

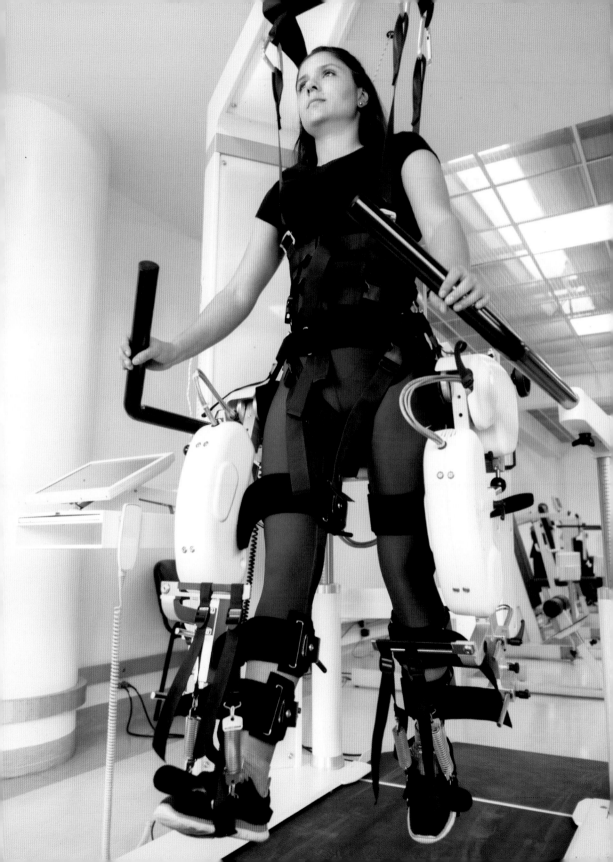

GLOSARIO

cicatriz La marca que queda en la piel después de que una herida ha sanado.

cirujano Doctor que opera a las personas para tratar enfermedades y lesiones reparando o quitando partes del cuerpo.

control remoto Dispositivo para manejar otra cosa, como un robot quirúrgico, a distancia.

lesión Una herida u otro problema físico, como un corte o un hueso roto.

preciso Libre de equivocaciones o errores.

sensor Instrumento que responde a la luz, la temperatura, el sonido o la presión y luego envía información a otro instrumento.

ÍNDICE

Acerca de la autora

Luego de dar clases durante años, ahora Gail Terp tiene un segundo trabajo soñado: escribir libros para niños. Sus libros tratan sobre todo tipo de temas. Ahora tiene un tema nuevo. ¡Los robots! Cuando no está escribiendo, le encanta salir a caminar y buscar cosas interesantes sobre las cuales escribir.